T0354579

Noctámbulo
respirando poesías

Noctámbulo respirando poesías

LIANG CRISTI SANTOS GÓMEZ

Número de Control de la Biblioteca del Congreso de EE. UU.:   2015917901
ISBN: Tapa Dura   978-1-5065-0974-7
                 Tapa Blanda   978-1-5065-0973-0
                 Libro Electrónico   978-1-5065-0972-3

Información de la imprenta disponible en la última página.

Fecha de revisión: 20/11/2015

Para realizar pedidos de este libro, contacte con:
Palibrio
1663 Liberty Drive, Suite 200
Bloomington, IN 47403
Gratis desde EE. UU. al 877.407.5847
Gratis desde México al 01.800.288.2243
Gratis desde España al 900.866.949
Desde otro país al +1.812.671.9757
Fax: 01.812.355.1576
ventas@palibrio.com
727442

ÍNDICE

Agradecimientos

Nada sería sin mi propia existencia, por ello quiero agradecer este Don de poder expresarme a quien me lo dio, a Dios y su mano de creación divina.

Quiero agradecerle a mi madre Blanca Luvia Gómez Córdova por todo el amor y los cuidados que me brindo durante mi toda mi vida y a mi padre Victorio Santos Ochoa, por cobijarme en el trayecto de esta aventura de vivir y enseñarme los reveses de la misma, me siento honrada de ser su hija.

Quiero agradecerle a mi hermano Abiud Victorio Santos Gómez, por hacer mucho más amena e interesante mi infancia, mi adolescencia y mi madurez pues, sin su compañía el recorrido hubiese sido muy triste, gracias hermanito.

Agradezco a todas mis amigas y amigos y familiares que con sus vivencias me fortalecieron en cada aspecto de la evolución que vivi, ya fuera divertido, difícil o extenuante, sin ellos el mundo no tendría el color perfecto y mis sueños se hubiesen caído al suelo, muchas gracias por la mano amiga.

Y por último quiero agradecer a mi pequeña musa, mi hija Luvia Beatriz Mun, pues su existencia me obliga a ser un mejor ser humano y aunque a veces pienso que su existencia tal vez fue solo un sueño, cada recuerdo que llevo en mi corazón me dice que ella es real y que vive y eso me da las fuerzas para continuar y me hace volar sobre nuevos horizontes con la finalidad de encontrarnos en algún punto del destino, te amo hija.

Muchas gracias a todos.

Prólogo

◦⟊◦

Estimado lector, agradezco mucho el tiempo que destine a leer estos versos, quiero que sepa que al leerlos conocerá parte de mi corazón y mi alma, que cada estrofa fue dictada desde lo más profundo de mi ser, esta compilación es quizás una forma de lanzar una botella con un mensaje al mar, o una forma de comunicarle al mundo un poco de mi existencia, es la necesidad de no morir sin expresarme en razón de lo que opino sobre la poesía, la guerra, el amor, la tragedia y la dicha de ser mujer, es demostrar que la vulnerabilidad del ser humano tiene un sentido, y que apelar al derecho de expresión es más que un derecho humano, una necesidad.

Con este libro quiero que usted considere que habemos muchos con el mismo sentir - claro si se identifica conmigo - o bien de que existen diferentes opiniones y puntos de vista, - si usted me considera impertinente - lo único que si le puedo asegurar es que cada una de estas estrofas, tomaron su propio rumbo y formaron este pequeño universo que en su mayoría fue escrito de noche por ello es Noctambulo, pues la noche me entregaba su locura y su visión poética.

También podrá notar que muchos de estos versos tienen talvez una evolución, ya que algunos de ellos fueron escritos en mi juventud y otros en mi madurez, aun cuando empecé a escribir desde que tuve el dominio del lápiz a mis apenas 7 años, me reservé el derecho a imprimir específicamente los que usted está a punto de leer, porque quiero que conozca los más profundos e interesantes que le pueda brindar.

Le reitero mi agradecimiento, y deseo de corazón que pueda encontrar en ellos un remanso de paz, armonía y reflexión, y como un pequeño consejo le recomiendo que lea un poema por día a fin de evitarle un empalago total de mis estrofas.

Con respeto, humildad y cariño
Liang Cristi

El Poeta Azul

Un día llegó corriendo con las manos manchadas de humo,
tatuadas con el cincel de la noche y la mirada perdida...
Gritaba jadeante y casi sin aliento,
que había descubierto a la poesía...¡a la poesía!!

Su mirada era profunda,
y el tono de su piel metálico,
como si un ente extraño lo hubiese tragado y al momento
lo hubiese devuelto ensombrecido,
lleno de letras y más letras,
con el semblante de luna en su piel...
Gritando... ¡me ha poseído y no puedo dejar de amarla!!

Sus silencios eran intensos,
y al callarse se silenciaba el mundo,
y su corazón era un tambor en plena batalla,
sus venas resaltadas parecían serpientes incrustadas en su piel,
tratando de liberarse de su humanidad.

¡Se había convertido en un poeta azul!
¡Ahora!... podía entender lo que la luna le decía,
Podía absorber la noche por su nariz,
y la bruma por sus poros, podía entender el canto del pájaro
y el silencio del viento a mitad de la noche.

Era el poeta azul, con sangre de tinta, y cabello alborotado,
con flores en la sien, y una lagrima en la mejilla,
una sonrisa deformada y un secreto al alba,
era todo un poeta poseído por el amor a la poesía.

Recién descubierto de la nada,
a hora lo era todo, escuchaba, veía y entendía todo,
Y todo le gustaba, pero todo le dolía
Y podía sentir el amor y el odio en un renglón
Y su cabeza sacudía el tiempo, hasta que se convertía en ceniza
En Blanca ceniza... una imagen podía sostener su mundo.

Ahora sabía el secreto de Adán y el pecado de la serpiente y se conmovía,
era una daga mutilando los olores y los colores de las flores,
las rebanaba en versos, las curtía en prosas,
era todo un poeta azul enamorado... ¡Poseído por ella!

Un seguidor de sus pasos, adicto a su calor de musa,
a sus pechos afilados amamantándolo de versos, versos,
y más versos, hasta hacerlo dormir en sus rodillas
Poseído por todo... todo lo que ahora ya entendía.

Se había convertido en un esclavo, una imagen borrosa difuminada,
Un poeta azul enamorado y poseído por ella.... La poesía.

He Vuelto

He vuelto, de mi largo viaje por el mundo
De mi tórrida aventura que entre sueños
Se volvieron pesadillas, con la cabeza llena de serpientes
Y mi corazón blindado del dolor de amor.

He vuelto con mis manos rasguñadas
Con los pies hinchados, llenos de arenilla
Con los ojos tatuados de atardeceres
E historias listas para ser contadas

Me fui muy joven siguiendo a tontos magos poetas
A pintores rufianes, y príncipes de una sola noche
Fui encantada con la música que se volvió un estruendo
Y las palabras de humo desechas que chocaron contra mi pecho

Rodé por la maleza de la perversidad de las bestias
Me arrope de nuevos sueños, de sueños que al amanecer
Ya no estaban se esfumaban entre la vida
Y sobre una ola de fuego que me arrastro voraz
Inicié la búsqueda incansable de vástagos perdidos

Así, golpe a golpe me convertí en espada
En guerrera de la noche, en mitigante de la nada
En luz certera de los días, en vengadora de los buenos
En buscadora de paz, de sueños y de personas buenas escombradas

Hoy he vuelto, con la bolsa llena de esperanzas
Aun cuando las ventanas se vean sombrías
Con la promesa firme de arrebatar lo mío
lo que me fue robado, lo que me fue quitado
Con la promesa de no ser mas la misma

He vuelto con una nueva historia y una dura sonrisa
Reclutando lunas, entrenando montañas
Riéndome a carcajadas sobre esas miradas malvadas
que juzgaron mi pesar pero no hicieron nada

hoy he vuelto y con mi presencia ha de temblar el mundo
Porque esta nueva mujer hará cambiar el rumbo
De lo que alguna vez fue cuento de niñas tontas
De engaños, golpes y abusos, hoy volvimos misteriosos
A renovar el cuento, a derrocar dragones,
Y devolver las luces al firmamento.

De cuando se fue una niña, a rodar con su inocencia
Puedo decir convencida que hoy he vuelto
Con la mirada embravecida y convertida en mujer.
Con el alma alimentada de esperanza
A derrotar la añoranza y rescatar mi querer.

El Final De Los Tiempos

Estribos rotos, una cabalgata que no tiene fin,
un camino eterno, un futuro incierto,
Caballos desbocados y el temor de la locura
sobre el viento que intenta detenerlo.

Una luz obscura que no teme corromperse
con las ondas del hielo que abrazan su piel,
un apocalíptico jinete que no se detiene ante nada,
ante la muerte, ante la vida, ante nada.

Recio, firme, desafiante, ligero,
corre al fin de sus sueños, corre! corre!
sin temor a nada, sin miedo a la esperanza rota,
sin escuchar sus chasquidos veloces contra el suelo.

Rocas vuelan, polvo sube, sucumbe el corazón
en un solo sonido uniforme, entre bestia y hombre
Corre, irrumpe el silencio del desierto, del bosque,
de todo espacio que pasa frente a sus narices.

Estribos rotos, una cabalgata que no tiene fin,
un guerrero que no teme a la muerte, al futuro,
un jinete apocalíptico, que corre al final de sus tiempos
retando al destino, al final de lo humano
sin temor a nada, en la búsqueda de su inminente destino.

Corre, sin la esperanza de la promesa de un nuevo mundo,
sin el deseo de volver a nacer en un paraíso,
Corre desbocado, violento, como su propia naturaleza humana,
Se despide a toda prisa, no se detiene ante la magia de la vida,
Corre sin temor a nada, sin temor a nada y perdiendo todo.

La Pregonera Del Diablo

Soy la amargura del mundo,
Mi nombre es causa de miedo,
Soy hermana de la muerte
Y amiga íntima del desconsuelo.

Soy el rostro de pánico en los niños
Soy la que con el odio me llevo
La que a los hombres malos les gusto
Quienes conmigo sacian talvez su ego.

La sangre es mi emblema de lujo,
El trauma y la locura heredo
De mi paso no se escapa nadie
Los aplasto y los demuelo

Muchos me toman como recurso
Para alcanzar victoria en el mundo
Más se confunden conmigo pues,
Soy derrota aunque parezca triunfo.

Soy la que la paz se lleva
Soy la que provoca ruego
Con la que se acuerdan de Dios
La que te sume en el desconsuelo
Mi nombre no es tan largo
Mi nombre es aventurero

Estoy tanto en la tierra
Mi casa está en el infierno

Soy pregonera del Diablo
Y nadie controla mi fuego
Son la que el amor destierra
Soy la que dolor entrego

Soy gran volcán de horror
Son causa mala en la tierra,
Soy pregonera del Diablo
Y todos me llaman GUERRA!!

Palabras Que Tranquilas Matan.

Las palabras que tranquilas
Pueden lastimar el alma
Y que dulces envenenan corazones
Son agujas que mal usadas
Por los hombres sin razones
Nos hieren nos matan
Nos ultrajan sus temores

Las palabras que tranquilas
Pueden derrotar a un hombre
Con tan solo pronunciarlas desde el alma
Son patrones que nos matan
Asesinos silenciosos, sombras
que hacen de los dolores verdugos
Ponzoñosos por las noches.

Palabras que robustecidas
Van llenando pensamientos,
que con el paso de los tiempos
Van forjando los recuerdos
Que alimentan los rencores
Sutiles palabras que sin mas nos matan
Que en silencio nos carcomen.

Las palabras que tranquilas
Pueden derribar naciones
Toman fuerza de la ira
Toman forma de los hombres sus errores
Y así tranquilas nos mutilan
Así tranquilas pueden provocar temor
Las palabras que tranquilas
Llenas de ira pueden lastimar hasta el amor.

Son de fuerza razonada
Arma dura y elegante
Nos fulmina en un instante
Si la verdad avala su razón
Así tranquilas matan
Y consumen su color
Por eso son temidas
Las palabras de los hombres
Que las defienden con honor.

Libros

Vienen de la luz de un mundo
Impresos, llenos de opiniones
Necesitan ser leídos para dar sus emociones;
Con orgullo toman el estandarte de las letras,
Un himno es para ellos la libertad de escritores y poetas
Logrando retener el tiempo en sus páginas dormidas
Oscilan entre esperanza, tiempo, muerte y vida;
Silenciosos gritan lo que piensa el mundo
En estrofas y escrituras plenas lo revelan,
Dan visiones nuevas a un mundo lleno de problemas
Y proclaman paz desde sus quimeras;
Buscan redituar al hombre brindándole entre sus páginas existencia
Le demuestran afán en ideas muertas
Y reviven todo y son testimonios de los pensamientos
Pues las palabras no escritas se las lleva el viento
Y como un gran batallón surgió, pues, la escritura
Para dar fe de los pensamientos muertos,
Porque muertos son los pensamientos que no se gritan,
Y más muertos aun lo que no se expresan ni siquiera escritos.

Flores Muertas

Una flor muerta posaba
Sobre el verde pasto
Las ondas del viento le lloraban
Y la lluvia con gotas le rezaba
A la pálida flor en mayo.

Los arbustos mientras tanto
Florecían vigorosos nuevas flores
La mañana al día siguiente
Se adornaba con los más bellos colores

La flor muerta ahora era burla
Ante el cuadro de las jóvenes hermosas flores
Que posando sobre hojas verdes
Hacían a la naturaleza
Con tan incandescente belleza
El más tierno de los honores.

La flor muerta con el tiempo
En polvo se convertía,
Y aquellas hermosas flores
Muertas hoy sobre el pasto yacían

Y burla fueron entonces
Del arbusto otra vez repleto de nuevas flores
Victimando con el tiempo sus brillantes colores
Y perfumando al viento con sus fragantes olores.

Quisiera Ser...

Quisiera ser un ser
Sin pasado ni presente
Solamente un ente
El todo y la nada.

Quisiera ser el infinito,
Un algo que no se ve
Quisiera ser un sentimiento.

A veces me pregunto,
¿Qué sentirá el amor de ser amor?
¿Quién es el amor?

Quisiera ser lo abstracto
Para poder expresarme sin formas,
Quisiera ser parte del viento
Y estar en todos lados,

Liberarme de lo concreto,
Dejar de ser materia ser tan solo energía

Estar en donde no se controlan los pensamientos
Donde uno es el pensamiento mismo;
Quisiera ser intangible.
Pero reflexiono, despierto
Y sigo siendo lo mismo;
Un humano concreto
Lleno de reglas y principios.

El Poema Más Bello Del Mundo

El poema más bello del mundo
Necesita de dos para ser escrito,
Camina sobre el renglón infinito
De lo que nosotros le damos rumbo

El poema más bello del mundo
Se escribe a cada palabra tierna,
Se imprime en el libro mágico de la vida
Con la tinta éter que le conserva eterna

El Poema mas bello del mundo
Tiene rima en cada beso,
Encuentra imagen a cada caricia,
Le da forma el suspiro sumiso
Le pinta mayúsculas cualquier sonrisa

El poema mas bellos del mundo
Es antiguo porque siempre ha existido,
Carece de líneas exactas,
No es sujeto a las leyes del verbo

Se escribe palabra a palabra
Y es el amor quien le proyecta su acento

El poema más bello del mundo
No hace fin, no determina un comienzo,
No renace, no culmina
Se convierte en página sobre el tiempo.

El poema más bello del mundo
Con dos nombres forma un título excelso
Y son de quienes protagonizan
La mano dulce que lo va escribiendo

Genesis

Si el pintor tiene musas al pintar
A las que les da color, a las que hace
Con el pincel eternas

Si el poeta tiene musas al componer
A las que describe sin igual
A quienes con la pluma hace bellas

Me pregunto entonces yo,
¿En quién se inspiró el señor?
¿a quién quiso plasmar
en las verdes y hermosas arboledas?

¿A quién compuso la canción que la mar entona?
¿A quién dedico los cerros, las colinas las praderas?

¿Quién le inspiro para hacer la luna?
¿De qué belleza Señor sacaste el arcoíris y la aurora?
¿A quién le dedicaste la bruma?

¿Por quién existen los lagos y los arroyuelos?
¿A quién plasmaste Señor en el canto de los jilgueros?
¿Quién posó para ti y te dio la inspiración de crear cascadas?
¿A quién le dedicaste las estrellas?

Dime Dios ¿por quién creaste la paloma blanca?
¿A quién le obsequiaste la hermosa fauna?
¿De quién tomaste muestra para crear las flores?
¿Y de donde la inspiración de tan delicados olores?

¿Por quién creaste el viento?
¿Por quién la primavera?

¿En quién pensabas cuando creaste el invierno?
¿De quién te enamoraste para crear la tierra?

¿Y el desierto a quién le diste?
¿Y los Alpes y la arena?
¿y las estrellas de mar y las palmeras?
¿Por quién las nubes?
¿A quién le dedicaste tus ideas?
Las gaviotas y los atardeceres bellos ¿a quién brindaste?

Dime Señor ¿hubo tanto amor para haber creado tal obra de arte?
Que ni el poeta más famoso, ni pintor o músico más conocido,
Podrán Señor en inspiración ganarte.

Contraste, Sueño Y Realidad

Caras sin formas,
Voces calladas,
El silencio se hizo largo
La vida no espera sentada

Las generaciones marchan
Con sonrisas amargadas
Las generaciones tardan
Las generaciones callan

Se subasto la democracia
Con las penas de los hombres
Y decaídas van las razas
Hacer del conformismo sus prisiones

Hoy los niños tienen miedo
Se olvidaron de jugar
Temen lo que los adultos dejan
Temen contra ellos algún día luchar

Y las pobres ancianitas lanzan muchas oraciones
Que en cada paso no haya fronteras
Que en cada idea exista amor
Que toda voz sea con palabras verdaderas
Y las palabras se subrayen con honor
Es la era de la vida de los hombres y queremos avanzar
Hacia una nueva vida en la que volvamos a soñar.

Yax Kin

Deidad, tiempo que observa
La muerte del Yax Kin en las
Entrañas de la tierra de Dioses
Quemando el pasado exótico
De colores vivos aun en la muerte

Historia que liberta
Su paso retraído para
Convertirlo en piedra,
Tierra, polvo, leyenda de oro
Que comen los árboles en sus raíces

A la luz de los sueños
Zac Uk adormece a Pacal niño,
A Pacal hombre, con brazos
De antorcha quemante de Reyna impetuosa
Que desgrana en las noches el agua
En un rincón de la selva

Largo es el Kin del guerrero
Ruge en la montaña
Jaguar o pájaro llevan en sus manos
La ofrenda, la sangre la pasión la creencia.

El sacerdote enamora a Venus
Íntima con ella y la luna se arrodilla
Le cuenta eclipses de muerte y de vida
Le cuenta estrellas

El sol escolta el Uinal primero
Del Tun que espera
Éxtasis de todo lo que sus días tocan

Rey de Mayas el calendario
Collar del tiempo

Y así el hombre de bronce
Con pecho de ceiba
Ve morir a su sangre
Y renuncia a su tierra
Mientras el monte come su casa
Y entre tristezas la convierte en ruinas.

La Pared

Austera, es la única
Que al marchitarse el día
Se levanta de la nada
Y se muestra

¡Partenón de mis días!

Entre hierro y estrellas
Entre lunas y mármol
Le pinto mariposas
Para ocultar mis miedos

¡Cuelgo mis Karmas!

Me Saco los ojos
Y copio de ellos
La muerte del sol
En el ocaso, para ocultarla

¡Boquetes de esperanza!

Entre ventanas y puertas
Contesta: Punto y aparte
Es la cerradura

Y cabizbajo el cielo
Se acuesta en sus entrañas
A sostener la soledad
Cimiento de sus pilares

Jamás seré de ella un esclavo
Acaso cree que no se:
Es producto de mis pesares.

Mas saltaré su valla
Alcanzaré a derribar
Un trozo de sus ladrillos
Con el golpe de mis viejos
Vicios: las pasiones.

Entre lunas y mármol
No será más pared
Obstáculo en el camino
De todos mis pasos

Entre hierro y estrellas
No será más muro
Únicamente polvo
Entre mis manos.
¡No más pared!

De Marzo

De marzo fueron las flores,
Camas de flores… y un gorrión
De marzo a marzo canto en su rama

De marzo lanzo la mar
Al tibio sol sus colores
Para convertirlas en brisa de sal

De que lejano recuerdo vienes
Entonando la canción de la nostalgia

De marzo juegas, de marzo ríes
De marzo allanas mi tristeza y la sonríes

De marzo ininterrumpido marzo
De marzo que termina en marzo

De marzo tus días de marzo tus tardes
De marzo llenas tus manos y me entregas tu amor

De Noche

Definitivamente tu cabello es la noche,
ondeando al movimiento inquieto de tu cabeza,
como un ángel sobre la luna dispersando
con tus manitas todos los sueños.

Definitivamente te amo!
brisa de sal al atardecer,
blanca, hermosa, ángel que no sabe
Cómo volver al cielo.

Ángel que lleva sobre sus hombros la noche
que envuelve el alba entre sus cabellos,
y las estrellas en el brillo de sus destellos
Definitivamente tu cabello es la noche.

Betun

Eres un cisne al vuelo
Un torrente veloz en el cielo
Una nube que busca consuelo en un rayo de sol
Una hermosa montaña con verde color.

Así eres…mi muñeca de flores blancas
De sonrisa teñida de luz
Mi pequeña corriente de arroyo
Mi esperanza, mi amor, mi dulzura

Mi pequeña, mi niña de luna
Mi voz en el sueño, mis manitas de azúcar
Mi cabello de noche nublada
Mi ángel dormido en la almohada

Esa estrella que busco en las noches
Mi brisa, mi ola, mi mar
Mi poema, y mi rima, mi risa
Mi agua, mi sal, mi princesa de hielo

Mi niña en el vientre dormido
Mi pequeña de guiños y boca rosada
Mi traviesa de chocolate y pintura labial
Mi damita, mi todo, mi cien

Te amo, te adoro y te escribo
A la orilla del mar con coronas
De arena y conchitas
Mi niña bonita, mi sueño y mi bien.

Desde La Luna

Desde la luna, parada al filo de su palidez
Puedo llorar el tiempo de mis recuerdos
Y obtener un milagrito, que se evapora
como un suspiro y seguir viviendo
Esperar y esperar hasta que no vuelvas aparecer
Y la noche llegue, sin saber de tus pasos

Desde la luna, vuelvo a suspender mi tiempo
Y juego a que vuelves y que me tomas entre tus brazos,
para no caer al vacío de mi desesperación
Porque debo esperarte, aun sin que vuelvas,
Aun sin que sepas el camino a casa,
Esperare desde la luna e iluminare tus ojos
Entre las sombras para que veas los míos

Me he vuelto un vigía desesperado
que lanza estrellas al mar mientras regresas
y que suma constelaciones al universo
Hasta que vuelve el día

He despertado lobos y coyotes que avisaran tu arribo
he despertado vientos y roció para enterarme de tu llegada
poblé de hojas las veredas para oír el sonido sigiloso de tus pasos
Desde la luna vigilo, ranurando los campos y callando a los grillos
para esperarte y aunque hoy no vuelvas.
Te seguiré esperando… desde la luna…

Mujer

Mujer dulce delicada y tierna
Historia de pudor y de silencio
Aun cuando se te pida lisonjera
Entregas natural candor y sufrimiento.

Guerrera de paso prisionero
Haz hecho de tu lucha una tregua
Que por amor a tus hijos venideros
Cediste posición de prisionera.

Mas el mundo natural, cruel y humano
No pudo controlar de ti grandezas
Pues eres la que dulce educa en casa
Pues eres la que en vida, vida entrega

Y aun cuando fuiste por error vil prisionera
Fue tu candor, sumiso y silencioso
Quien te dio paciencia de esperar tu espera
Y hoy resurges cual gran ser sobre la tierra
Libre, llana, soberana a crear tu rumbo tu nueva era

Piel de cielo dormido
Vientre de puerta al infinito
Rostro angelical prohibido
Palabra de consuelo eterno

Brazos de mundo erguido
Ninfa, diosa, musa eterna
Virginal en el ocaso
Corazón de palpitar cohibido.

Grita al mundo tu pensamiento llano
Y con tus manos de ángel acaecido
Libera al mundo de lo ufano
Tú con tu delicado ser
Retoma de tu esencia de mujer
La correcta forma de vivir humano.

Esbozos

He ocultado mi alma entre caretas
Minúsculas miradas solamente me hacen tiras
Caretas como tristes acuarelas
Que me tapan, me protegen, me limitan

Es doloroso no mostrar mi rostro triste
Obra de la traición y la tragedia
Escondite de una historia en la que existe
Un Verdugo, un villano, un mala yerba.

Seco, mi corazón quedo sin rumbo
Buscando rostros para tapar sus huecos
Sucumbía entre sollozos moribundo
hasta volcarse en la locura de sus ecos.

Mi dolor se tornó en la sombra de mis ojos
Apagó así el brillo de sus alegres niñas
Fuiste cruel lo veo ahora a lo lejos
Un tormento voraz , y destructor

Estrujaste mis más bellos momentos
Con el horrible chantaje del amor
Caí esclava de tus mórbidos ultrajes
Pues te creía herido, atolondrado por mi causa

Sufriendo los tórridos amores en mi honor
Más tú te habías reído como un niño
Sabiéndome afligida por tu ser
Hasta volverme un fantasma en tus mentiras
Un triste esbozo de una lánguida mujer.

Y así quede buscando mil caretas desde entonces
dibujando en mi cara un fiel esbozo
Para tapar la tristeza que dejaste
Para tapar la huella, la huella onda
De tristeza que desfiguro mi rostro.

Se Prohiben Poetas

¡Se prohíben poetas en mi corazón!
escritores que allanen los latidos de mi pecho,
que profanen la calma de sus tentaciones muertas,
se prohíben versos que hagan sentirme musa,
un ser inusitado fuera de este mundo,
una nueva golondrina, una luna, una estrella,
cualquier inspiración enamorada que me haga perder el juicio.

Se prohíben escritores en mi piel,
que intenten tatuar con versos, besos ajenos,
que después me duelan por partir del rumbo,
escritores que construyan casas en mi alma,
y se transformen en mi almohada al finalizar el día.

Se prohíben!

¡No más poetas!, ¡no más poesía!
no más tiernos cantos de sirenas que seduzcan mi alma,
no más siluetas en la rima de sus versos,
no más palabras que fascinen mi alba,
no más ángeles caídos, ni mundos raros.

¡Que me aten al mástil fijo de la barca de mis recuerdos tristes!
¡Que me venden los ojos, y las tímidas orejas!
¡Que no sucumba yo, en la tentación de morir en los renglones!
¡Ni pruebe nunca más las mieles dulces,
De las tentadoras notas de un poeta!
Se prohíben poetas en mi corazón!

Yo Que Soy Silencio

Yo que soy silencio
Y rostro oculto tras la burka
Yo con el cuerpo marcado de pecado
Soy pasión de hombres sobre la hierba

Yo que soy dulzura y terror
Puedo darle al mundo tanto amor
Así con el silencio que me arrulla el alma
Con la proeza infinita de mi calma

Así sin interrogantes a los hombres
Soy premisa de dolor y angustia
Yo que por ser mujer si rio soy mustia,
Si hablo embustera, si canto prostituta
Si muero de cansada mujer ligera.

Yo que sin decir mis pensamientos
Sé que al mundo he de gritar en los cuatro vientos
Y que por mi Lucha de paz soy prisionera,
Del pensamiento hostil de muchos muertos

Así soy yo la que ha creado
En el camino llano de mi vida
El paso firme que me espera
Para crear el mundo interno en que me habito

Yo que soy silencio y sumisión
He de entregarle al mundo mi mensaje
Que si se piensa en una nueva recreación
Habrán de tomar en cuenta mi linaje
De mujer que habita en alma y cuerpo

De mujer que se rescata con coraje
Que entrega vida a cambio de la suya
Que da calor al hombre que la humilla
Que soy mujer, premisa de creación y gloria
Y no almohadón de olvido y sumisión.

Yo que soy silencio al mundo
He de gritar mis pensamientos
Con la infinita paz de mis momentos
Yo mujer creadora, luz y útero de amor

Yo, si yo, que he entregado amor
Sacrificando gloria, por dar a luz
A vástagos que dan a mi sentir un nuevo rumbo
Bendito sea pues el vientre puerta entre la nada y el mundo

Yo que soy silencio, calladamente entrego amor
Aun cuando por amar me han acusado
Sin perpetrar mi caminar me han apedreado
Yo que soy silencio, en silencio soy mujer que entrega amor.

Corrompo Mi Memoria Con Poesia

Se corrompe mi memoria
En los brazos de la vida
Que silenciosa me enamora
Y me sucumbe en su ilusión

Y así recorro mis momentos
Como eventos día con día
Sin pensar en los cimientos
Que me dicta el corazón

Soy mujer, trozo de carne
Ante los ojos de los hombres
Mas sé muy bien que soy idea
Luz, inspiración y vida

Si no porque no habría de ser mujer, pues, la poesía
O musa etérea de la mente, Si en sus renglones
va dejando hijos en versos, Vástagos perdidos,
por eso digo que la poesía enamora
Porque es mujer de amor y sueños

Por eso digo que corrompo mi memoria
En los brazos de la vida
que día con día me entrega muerte.
Y que cristalizo con poesía su dulce beso
Rítmico que me enamora.

Piel Latina

Hecha de la lava de volcán y cuarzo
De polvo ardiente de una estrella caída
Dorada como el sol cansado
que se despide ataviado por el día
así es la piel latina ardiente, amada, bella e incomprendida.

La Musa Huerfana

Fui golondrina de largo andar
Estrella marina, un techo de luna
Un grillo silencioso
Fui la musa más grande y amada de las musas

Un pendiente de cristales
Una escalera de polvo y el silbido mordaz del viento
Tuve color, sonido, belleza dulzura y odio.

Fui la tarde más larga y callada del poeta
Su lagrima arrodillada, su rutina favorita
La estación que deparaba un viaje largo al final del día

Hasta que un día se rompieron todos los astros
Y cayeron de mis manos sus ideas
Desde entonces fui luz vacía
Un leve recuerdo, el humo tenue de un poeta enamorado
Y me convertí en una musa sin poeta

Angel Luz

Dormida, pronuncio tu nombre
E invoco el destello
De tus cabello en mis ojos

Sigo nombrándote
Clamando desde el obscuro
Pasaje de mi pasado
Necesito la luz de tu paciencia
Permito el calor
De tu recuerdo entre mis sabanas
Y te convierto en sueño

De la mano me llevas al cielo
que tu sonrisa me forma,
tus manos sorprenden a mi alma
en el santuario de mis pensamientos

Y atrapas todas mis lágrimas
En un fuerte abrazo y no las dejas caer
En el arroyo de mi alegría

Te convierto en sueño
Alojo mis secretos en tu boca
Con un dulce beso

Y dejo posar sobre mi piel
El perfume de tus caricias nocturnas
Te amo

Así, todas las noches
Dormida, pronuncio tu nombre
E invoco el destello de tu cabello
En mis ojos para iluminar mi sueños.

Edredon De Sueños

Inspirada en el film, Todos los caminos me llevan a casa

Increíble es que el frio, la lluvia, el sol y la hierba
Sean un hogar cálido y hermoso
en el que habitan tus manos,
tus viejas, arrugadas y cariñosas manos
con las que tejes un edredón de sueños silvestres
hechos con Hilos dorados de tu corazón.

Y yo le temo a la majestuosidad de tu amor profundo,
que demasiado es para mi, pues me veo tan pobre
aun al final de cada pisada tuya, hecha con tus viejos zapatos

Quisiera no amarte, pero es tan intenso el silencio
Que adormece mi fría conciencia y me hace quererte
y te cubro del frio y aun así no soy perfecto, soy tan pequeño.

Entonces veo las veredas, los llanos y
Las curvas en la montaña y la brisa que te busca
y yo trato de escapar de tanto amor,
pero no puedo, el recuerdo de tus ojos tristes me llevan contigo

Y es increíble cuanto te extraño,
aun cuando estas frente a mi
Porque eres demasiado dulce
Y puedes enseñarme de tu paciencia
sin decir palabras.

Y yo aun con los golpes en la cara
Y las rodillas raspadas, y todas mis travesuras
Siento la paz de tus canas y el palpitar de ese hijo de sangre tuya
que llevo en mi corazón, y es entonces cuando se
con la esperanza pura que a tu lado todo va estar bien.

Aun con el contraste de tu pelo trenzado
Y mi afán de un mundo perverso
Me duele saber que voy a partir
Para dejarte sola, con la intimidad
De tu viejo y enorme silencio.

Por eso, e ideado dejarte en tu viejo costurero
Agujas con hilos dorados, para que bordes
Un edredón con un camino de vuelta,
Una vereda que quizás sea la que tú sepas.
Con todos los caminos que me lleven a casa
Para que todos los caminos me lleven a ti.

Y yo pueda volver para acariciar tu dulce rostro arrugado
Poderte dar un beso y decirte a tiempo lo mucho que te amo…
En tu regazo con la pena en la cara y tú sacudiendo mi cabello
Y regalándome todo tu amor…. Abuelita!

Ausente

Hoy al levantar el día
La mañana fue triste
¿Dónde estás?..... Tú
Sueño de día
Sombra en mis ojos
Caricia en mi vientre

Estrujó mi corazón tu ausencia
Y esta tarde mi sentencia será
El no escuchar tu voz

¿Dónde estás?.....Tú
Perfumando el viento
Dejando el sonido de tu presencia
ángel de flores
Mano tibia camino al sol.

Dónde? sentenciando al mundo
Con tu ausencia, Donde estás?...Tú.

Corazon Migrante

Ese corazón vestido de poesía
Y atardecer rojizo sobre la montaña
Ese que se come el viento, en sus aortas
Y resume nuestra historia con un beso

Ese corazón que no te olvida
Y cabalga sin dejar de decir Te amo
Y las lágrimas coronan su ritmo
Y te sigue paso a paso en tu desierto

Hasta convertir en primavera floreada
El más dulce de los sueños
El más noble de los pensamientos
El más lejano de los recuerdos
Sin importar el dolor de la tristeza

Ese corazón que tiene al amor por héroe
Y te ve a lo lejos como una hermosa leyenda
Como el personaje divino de una historia
De nuestra historia, esa historia que tendrá un final feliz

Ese corazón que observa en el recuerdo
como hablaban tus manos diciendo a dios a lo lejos
y que optimista sonriente puso la esperanza
Por el universo futurista de la vida

Ese corazón que acaecido por su desgracia

No te puede amar si no a lo lejos, a la distancia

Añorando el tiempo que tus ojos reclaman

Ese corazón es mío, te extraña y aún sigue latiendo para ti.

¿Que Puedo Hacer Si Te Amo?

¿Que puedo hacer si te amo?
¿Alargar palabras antes de partir?
Anidar un beso en tu boca cuando duermes?
Rumorarte al oído el sueño de la aurora para abrir tus ojos?

¿Que puedo hacer si te amo?
¿Desmemoriar mis celos?
¿Hacerte un hueco en las costillas e ir contigo a donde vayas?

He dejado de ver la noche sin tu sombra
He aprendido a distinguir el calor de tus manos
Al encender mi cuerpo.

He aprendido a enamorarme del humo
Que mitiga tu boca antes de perderse solitario en tus rincones.

Que puedo hacer si te amo
Sonreír mordiendo los ladrillos
De tu casa para comer tus gustos
Colgar el sol en tu ventana
O simplemente callar y seguirte amando en silencio
Y entregarte el fruto de mi vientre
O simplemente callar para no interrumpir mi amor.

Palabras Y Mas Palabras

No son rosas muertas tus palabras
Ni margaritas decapitadas por un enamorado
No son tulipanes, ni lilis frescas de la mañana
Tus palabras son plantíos

Plantíos de sueños que no se fuman
No son historias, son plantíos de palabras
Cosechadas por tu conciencia
Son la imagen de un alma dolida

La nostalgia de un gigante sin princesas
La luz apagada adormecida de los tiempos lejanos
Tus palabras son plantíos que surcan mi corazón
Lejanamente en un paisaje verde

Son las adormecedoras leguas de todo lo que leímos
De todo lo que olvidamos, de todo lo sentimos
Son las rosas secas que me llevo acuestas
Los olores que evoco cuando siento que me muero un poco

Tus palabras no son rosas muertas
Son el grillo que me canta por las noches
La luna que me espía cuando te lloro
El conejo de la luna que me danza a solas

Tus palabras… son palabras
Plantas que siembro en mi mente
Para poder seguir viviendo un poco.

El Extraño

Busco tus ojos en la inmensidad de lo incierto
Que rumbo he de tomar si no los veo
Busco tu voz en el silencio, en el acorde mustio del viento
Tu silueta en la esquina de la nada y de todo

¿Que he de buscar si no te encuentro?
Si no se de ti, si no sé qué busco,
¿Cómo he de saber si te encuentro?
¿Cómo?.... sin voz, sin ojos, sin sombras, sin cuerpo
Te busco pero no te encuentro.

De qué lado del destino caminas
¿Me mirare en tus ojos en el primer momento?
O ¿Serán tus manos las que rosen sin querer mi alma?
Será tu voz la que me lleve a ti
¿Que habrá de acontecer en ese tiempo?

Busco, busco, pero no te encuentro
De que estarán hechas tus risas
De que tus buenos y malos pensamientos
Sabré encontrar tu paz,
¿Sabré sentir tu amor aun a lo lejos?

¿Dónde estás que no que encuentro?

Desdoblamiento

A tus hombros llegara el sol con sus rayos
A tus hombros llegaran todos los sueños
A tus hombros llegara la realidad, a remetida del consuelo.

Donde estas ángel de amor,
Luna de paz, mi corazón de azúcar
Donde estas mi pequeño palpitar
Mi historia y mi razón de todos los días.

Canción de cuna ausente
Voz de niña en la montaña
Eco sin voz, lago naciente
Mi corazón, mi sol sonriente.

Llegaran a tus hombros mis oraciones
Llegaran a tus hombros mis plegarias
Llegaran a tus hombros mis anhelos
Llegaran, llegaran por las mañanas.

Porque yo sé que aun a lo lejos
Te sabes amada por algún fantasma
Ese que vela en tu ventana
y pone el rocío en tus cañedos.
Amada en silencio, amada en las sombras

Llegaran a ti mis besos
Llegaran a ti mis sueños
Para cubrir de tul tú pelo
Y hacerte un nicho con mis rosas
Te llegaran mis oraciones
Sobre tus hombros, sobre tus cienes
Te Llegaran mis oraciones
También mis versos, talvez mis prosas.

Alma Dormida

¿Dónde se quedó dormida mi alma?
Acongojada por su pena, y por su llanto
Por la partida de un latir profundo,
¿Dónde se quedó dormida mi alma?

Dormida como una niña perdida,
Cansada de buscar y buscar
la luz a casa y se quedó dormida,
Quizás bajo un árbol, en el remanso de
Un lago, en el tic tac del tiempo

¿Dónde se quedó dormida mi alma?
Sin una sola mirada de amor que la sostenga,
sin un suspiro que vele por ella, angustiada por su pena

Quizás se la llevo algún gato
en medio de la noche y de la nada
Para enterrarla a la luz de la luna
Y volver por ella un día
cuando ya no tenga alma

O un duende la guarda, en el cofre en el que encierra
sus sueños y la liberará hasta que ya no quede nada
Ninguna ilusión sobre la tierra.

¿Dónde se quedó dormida mi alma?
Sin alma, sin vida en un suspiro,
Sola en este dolor de nostalgia y de abandono

Si ya no aguanto más este cuerpo vacío,
Simple, con dolores, hambres, sudores y sonrisas falsas
Con caretas que cambian constantemente cada día.

¿Dónde se quedó dormida mi alma?
   ¿Dónde?
     Que no viene a rescatarme
Y llevarme con ella al fin del mundo
         ¿Dónde, dónde se quedó dormida mi alma?

Cazador De Luces Y Sombras

("FOTOGRAFO")

Ojos de lente, cazador de musas
Una ráfaga de disparos flash, flash, flash,
Eres quien no muestra un ojo, un pirata de formas
Un pintor de sombras y luces,
Una sombra detrás de los reflectores

Captas, enfocas, captas, giras el corazón de la dama
La estudias y le dices varias veces:" más, así, lento
Ve hacia arriba, sostén el aliento", y la haces tuya
En un abrir y cerrar del diafragma y lentes convexos

Me gusta observarte sin que sepas que veo
Como una fetichista cómplice de tus creaciones
Que se deja rociar por la malaquita que brilla en tus ojos
En contraste de sombras y luces a la velocidad de un disparo

Retinete cansado al final de las sesiones
Un cigarro eterno, como parte del rito
Corazón de daguerrotipos a blanco y negro
Venas de líquido fijador de imágenes en un cuarto obscuro.

Alma a contra luz de la imagen que fija el alma,
Brujo que atrapa la imagen de lo que observa,
Retratos de Dorian Gray, que eternizas los vulnerables cuerpos
Les regalas vida, les prometes la eternidad del momento.

Obturador acelerado, rotando la velocidad del mundo
en tus dedos, en tus manos, atrapando todo
por la mágica apertura de tu lente
Sin hacer daño, sin robar nada, haciendo eterno
Con tus fotos mágicas en el juego de la luz, el presente.

Noctámbulo

Noctámbulo, arremetes contra mí y no sabes nada de mi
Afrontas la vida como un fantasma, que deambula en el recuerdo
De las tardes de abril a eso de la una cuando el sol se hace polvito
Para entrar por la ventana.

Un calor de manos que sostienen mi cabeza
Es lo único que aun llena de vida parte de mi humanidad
Desentendida y ultrajada por la sociedad grotesca que me
Cala con sus hirientes, vulgares y falsas palabras,

Malditas palabras que asechan mis oídos les clavan vocecitas
Acuchillan tu confianza con una simple mirada.
Y te hacen trisas con el simple hecho de verlos sentirse santos
Santos, malditos santos falsos, diabólicos, y metafóricos, que se comen
Los sueños de los poetas y juzgan a los enamorados.

Porque yo he de decirle que mate al amor,
El amor más poético de la historia,
La historia más completa, que tenía un primer beso bajo un puente,
Olor a nuez en mis pechos, fotos en el kiosco,
Poemas y más poemas, rock y Romeo y Julieta,
Una Tarde de eclipse y murmullos en la oreja,
Danzas frente a mi príncipe…, todo… lo tenía todo.

Por eso hoy solamente soy un fantasma que deambula
en el recuerdo de las tardes de abril a eso de la una,
Cuando el sol se hace polvito para entrar por la ventana,
Ese sol que espero incansablemente para que me devuelva
mis sueños y mate la rutina que me mata lentamente
Detrás de un vitral llamado vida.

El Fantasma De Un Poeta

Se escuchan lamentos hilarantes
Voces absurdas que entre la nada sollozan
Humos mezquinos, y lejanamente
Irritantes, lo que antes fuese la ilusión de un
Suave blues fantasma a mitad de la noche lo escucha

¿Será la voz certera del fantasma de un poeta?
Me pregunto, arropada de sus versos
Versos que ya no soy míos, que me desconocen
Que me ladran si los llamo, que me muerden
Si tan solo los miro, versos obscuros, obscuros versos

Se escuchan lamentos,
voces sórdidas y rítmicas,
que buscan cinturas y manos
Mejillas y pechos,
rostros de ninfas, flores muertas
Y me digo… es la voz del fantasma de un poeta.

La voz quejumbrosa que pide muerte
y malditamente la vida le entrega vida,
rostros de álamo lunas de queso
ríos de sangre, ríos de tequila
Mórbidas horas de amor,
de ese amor que se paga a escondidas
con el precio de las almas
Es la voz lejana del fantasma de un poeta

De un poeta que busca
ninfas, musas bellas, doncellas,
rosas frescas, luz de estrellas,

La voz de un poeta fantasma,
de una voz sin soneto,
de una prosa, de un verso,
de un haiku, de algún cuento

Es la voz hilarante de un poeta muerto,
Buscando caricias, inventándose vidas
Escribiendo entre líneas, esas vidas perdidas
Ese amor fracasado, ese cuento prohibido

Es la voz de un poeta que no encuentra cabida
Es un triste lamento de un poeta sin cuento,
Es la voz del fantasma de un poeta dormido.

La Promesa

Quiero caminar contigo
Hasta donde el sol
sea una estrella desnuda y humilde

Hasta donde el mar se reconcilia
Con la arena y le pinta conchas y estrellas marinas

Caminar hasta no saber
Quien soy, si tu o yo

Hasta encontrarme contigo
Siendo un niño y beberme todas tus lágrimas.

Déjame Caminar contigo
Y buscaremos nuestros rostros
en el desierto inundado de risas calcinas.

Caminar contigo hasta que nuestra morada sea
El Dulce pasto sombrado
La rosa que emerge entre un abrazo

Déjame seguirte hasta comerme la muerte
Con las hojas que envuelven el tiempo
Y dejar que la tierra nos bañe

Hasta que mi corazón no palpite
Y nuestros besos sean velas encendidas
En las manos de los hijos que dejamos
En nuestro camino.

Apocalipsis

Dios es un vagabundo descalzo
Al pie del abismo
Llorando todos los cosmos
Es Dios retando a Dios por nuestras vidas

La Voz a la distancia
Seca enredadera del murmullo
Camina a la sombra de un alma
Deja sus restos en el holocausto

El polvo que vaga
Observa el rebaño perdido
Y emprende la búsqueda
al final del tiempo

Embriaga a la muerte
Seduce sus alas negras
La engaña, la enloquece
Con la hazaña de romper sus pasos

Entre siluetas de arcanos
Y manos marcadas…llora
De pie, triste, entre
Aztecas y Mayas lunares
Ve perdido el tiempo.
Roto en las constelaciones míticas.

Dios ha dejado una mano
En el basto rugido del viento
Entierra Adán bajo el árbol sagrado de la vida

Enamorado de la tierra
Lanza la caricia ultima
De sus brazos en busca de almas

Dios es un vagabundo descalzo
La voz a la distancia
El polvo que vaga
Quien embriaga a la muerte
Dios es Dios retando a Dios por nuestras vidas.

El Valor De Una Vida

¿Cuánto cuesta?
Un día soleado y hermoso
Con gente triunfante
Y amor sobre el hombre.

¿Cuánto cuesta un momento
De caricias sin penas
De libertad y dichas?

Cuánto paga un humano
Por amar un momento
Sin escuchar un lamento
Que le provoque una herida

Cuánto paga un niño
Por tener en sus manos
Alimentos sanos, amor, paz y risas

Cuánto he de pagar por un mundo nuevo
Sin problemas, sin ruegos,
Sin ideas controladas,
Sin drogas, sin dagas
Sin puertas cerradas.

Cuánto cuesta un minuto?....

Un minuto en silencio…
Un minuto de amor.

Cuánto cuesta un segundo
Para borrar el pasado
Y sentirse olvidado
Olvidando el dolor

Cuánto vale mi sangre
En un frasco cerrado,
Se la cambio a quien venda
A mi mundo vacío
Un minuto sereno.
Un minuto de dicha.

Un minuto…. Un minuto de amor.

El Ultmo Poema

Tatué tus páginas con letras
Me atrevo a decir que te bese
Que acaricie con la tibieza de la tinta
Aquel rincón que alguna vez soñé.

Me permitiste darle forma al pensamiento
No me ignoraste
Y sin surgir de ti ningún lamento
También me amaste.

Fuiste mi cordial emblema
Mi camino y campo de batalla
Tú, mi vocera de la letra tímida que calla
Ahogaste, en letras la sigilosa
Desventura del que no habla.

Por eso hoy brindo
Con este último poema
Por lo que más llevo de ti
Dentro del alma.

Porque brindaste tu confianza
En lo que fuera
Vestimenta de figura y letra clara

Por eso hoy brindo
con este último poema
Porque este adiós
es llama que me quema

Porque esta lagrima
te quiere… aun te ama.

Dones

Dones tengo en las manos
Dones de tu corazón concreto
Dulce muestra de amor profundo
Dulce muestra de tu verdad escrita

Corazón abierto morada tibia
Agua dulce, saciador de sed
A ti me entrego en lo cotidiano
A ti me entrego en el devenir del día,
A ti me entrego en inescrutable fe

Pan de amor, luz brillante
Sandalia humilde que me lleva a ti
Voz de viento eternidad instante
Nada señor mío soy yo sin ti.

Printed in the United States
By Bookmasters